Books on Demand GmbH

Ramana Maharshi:

Über die Wirklichkeit:
Vierzig Verse mit Ergänzungsversen
(Ulladu Narpadu mit Anubandham)

übersetzt und kommentiert
von Gabriele Ebert

mit Bildern
von Miles Wright

AF288323

Bibliografische Informationen der Deutschen Bibliothek
Die Deutsche Bibliothek verzeichnet diese Publikation in der Deutschen Nationalbibliografie; detaillierte bibliografische Daten sind im Internet über http://dnb.ddb.de abrufbar.

Ramana Maharshi:
Über die Wirklichkeit: Vierzig Verse mit Ergänzungsversen
(Ulladu Narpadu mit Anubandham)
Norderstedt: BoD, 2015
2. Auflage ISBN 978-3-8391-2614-1

Titel der Originalausgabe:
Ramana Maharshi: Ulladu Narpadu mit Anubandham, in: Nool-Thirattu (Collected Works of Sri Ramana Maharshi)
© Sri Ramanasramam, 2002

Umschlaggestaltung: BoD
Bilder: Miles Wright
Herstellung und Verlag: Books on Demand GmbH, Norderstedt
Printed in Germany

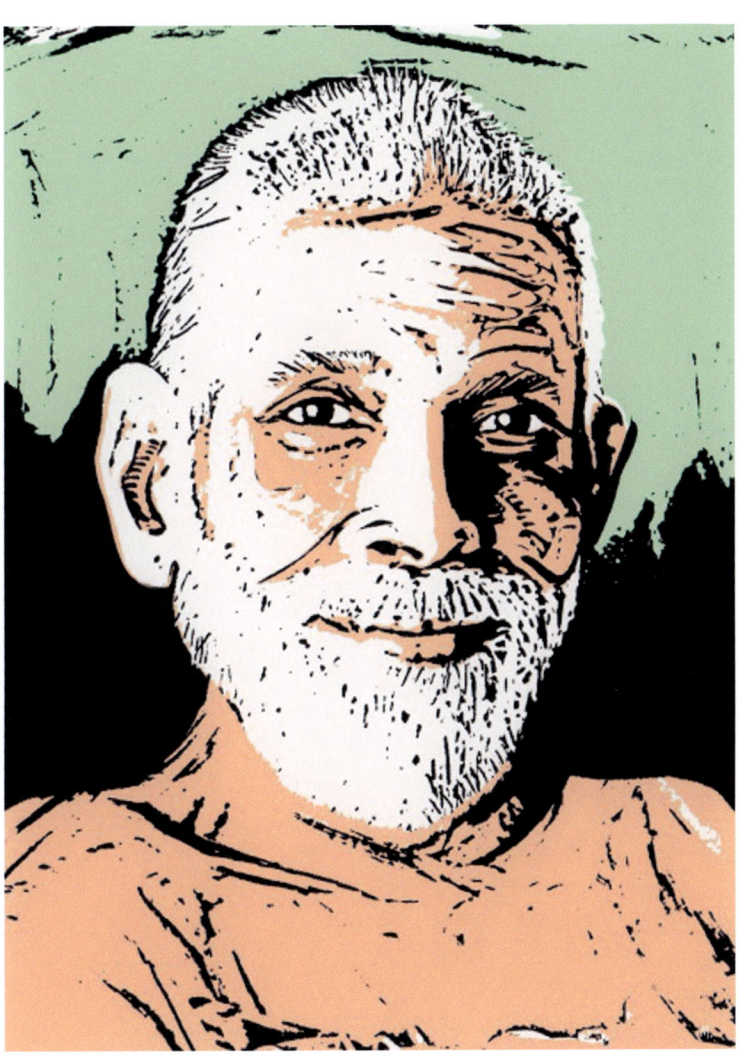

Ramana Maharshi

Inhaltsverzeichnis

Einführung

Sri Ramana Maharshi schrieb wenig, und das auch nur, wenn andere ihn darum baten. So entstanden diese Vierzig Verse etwa 1928 auf Drängen von Muruganar hin. Ramana verfasste sie in seiner Muttersprache Tamil und nannte sie **Ulladu Narpadu**. Ulladu bedeutet, das was ist, was existiert, was wirklich ist, und Narpadu bedeutet vierzig. Deshalb kann man übersetzen: Vierzig Verse über die Wirklichkeit oder über das, was ist.

Ramana selbst erzählt folgendes über ihre Entstehungsgeschichte:

»Ich hatte bei verschiedenen Gelegenheiten einzelne Verse gedichtet. Muruganar meinte, man müsse verhindern, dass sie verloren gingen, und ich möge noch einige Verse ergänzen, damit es insgesamt vierzig Verse werden würden, die man dann unter einem geeigneten Titel veröffentlichen könnte. Er brachte knapp dreißig zusammen, und ich dichtete die übrigen, wann immer ich dazu in Stimmung war. Als wir die Vierzig beisammen hatten, löschte Muruganar aus der ersten Sammlung einen Vers nach dem anderen unter dem Vorwand, sie würden nicht recht zum Thema passen, und bat mich, dafür neue Verse zu schreiben. Als schließlich die Vierzig wieder voll waren, bemerkte ich, dass sie nur noch zwei Verse aus der ursprünglichen Sammlung enthielten und dass ich alle anderen neu gedichtet hatte. Ich hatte die Verse nicht geplant und sie nicht fortlaufend und systematisch geschrieben. Ich hatte lediglich bei verschiedenen Anlässen einige Verse gedichtet, und Muruganar und andere haben sie nachträglich in eine thematische Reihenfolge gebracht.«[1]

Es waren etwa zwanzig Verse, die Muruganar aus der alten Sammlung herausgenommen hatte. Diese wurden als Ergänzung zu den vierzig Versen (**Ulladu Anubandham**) zusammengefügt und später ebenfalls auf vierzig Verse erweitert. Sie sind zum Großteil keine eigenen Dichtungen Ramanas, sondern seine Übersetzungen von berühmten Sanskritversen aus dem Yoga Vasishta, von Shankara und aus anderen Werken, die er hilfreich fand.

---

[1] Mudaliar: Tagebuch, 7.12.1945

Die Verse sind lose aneinandergereiht. Zuweilen ergeben einige Verse einen Zusammenhang, dann wieder wechselt unvermittelt das Thema. Der Grund dafür liegt in ihrer Entstehungsgeschichte. Dennoch ergeben sie ein rundes Ganzes der Lehre Ramanas und eignen sich hervorragend dafür, sie immer wieder zu überdenken. ›Wer bin ich?‹ und ›Die Quintessenz der spirituellen Unterweisung‹ (Upadesa Saram) sind weitere Werke Ramanas, die mit diesem Büchlein eng verwoben sind.

Ulladu Narpadu ist ein poetisches Werk im Venba-Mentrum, das Ramana gerne verwendete. Jeder Vers hat vier Zeilen, wobei die ersten drei Zeilen aus vier und die letzte Zeile aus drei Füßen bestehen. Es ist ein rhythmischer Text, der im Ramanashram regelmäßig rezitiert bzw. gesungen wird.

Als Grundlage meiner Übersetzung habe ich Robert Butlers sehr ausführliche Ausarbeitung aus dem Tamil verwendet, die sowohl Struktur der Sätze als auch Wortbedeutung ausführlich erklärt. Ich habe aber auch andere englische Übersetzungen hinzugezogen wie Lakshmana Sarmas ›Revelation‹, die Übersetzung von Prof. Swaminathan in den ›Collected Works‹ und einige weitere. Als Kommentar dienen Gespräche, die Ramana mit seinen Anhängern und Besuchern führte und in denen er seine Lehre immer wieder erläutert.

Es gibt zwei ältere Übersetzungen ins Deutsche. Die eine stammt von dem Indologen Heinrich Zimmer und ist in seinem Buch ›Der Weg zum Selbst‹ zu finden. Die andere stammt von Lucy Cornelssen (Mata Satyamayi): ›Über das Selbst: Vierzig Verse‹. Es liegt allerdings bislang noch keine deutsche Übertragung der vierzig Ergänzungsverse (Anubandham) vor.

In dieser zweiten Auflage wurde der Text leicht überarbeitet und die abstrakten Bilder von Miles Wright durch seine Bilder von Ramana ersetzt.

Gabriele Ebert

Eröffnungsverse zu Ulladu Narpadu

Erster Eröffnungsvers in Sri Ramanas Handschrift

**Kann es ein Existenzempfinden geben ohne etwas, das ist?
Da diese Wirklichkeit frei von allen Gedanken im Herzen
wohnt, wer könnte über sie, die ›das Herz‹ heißt, nach-
denken und auf welche Weise? Über sie nachzudenken
bedeutet, mit ihr im Herzen eins zu sein.**

Dieser Vers ist sprachlich auffallend in seiner strengen Metrik
und der Wiederholung der Silbe ›ul‹. Eine vereinfachte Umschrift hört sich so an:

ulladu aladu ulla unarvu ulladu o
ullaporul ullal ara ullatte ullataal – ullam enum
ullaporul ullal evan ullatte ullapadi
ullade ullal unar

ul – sein, ullal – Gedanke, ullam – Herz, ulladu – Wirklichkeit, das Seiende, das was ist

**Reife Menschen, die in großer Todesfurcht leben, nehmen
Zuflucht zu Füßen des Höchsten Herrn, der weder Geburt
noch Tod kennt. Durch ihre Hingabe werden ihr Ego und
ihre Anhaftungen ausgelöscht. Wie können sie, die im
Unsterblichen ihre Bleibe gefunden haben und daher tot
sind, noch an den Tod denken?**

Während der erste Eröffnungsvers vom Pfad der Erkenntnis
(*Jnana*) spricht, handelt der zweite Vers vom Pfad der völli-
gen Hingabe an Gott (*Bhakti*), in dem der *Bhakta* seine Ei-

9

genexistenz aufgibt. Beide Pfade führen zum selben Ziel: zum Auslöschen des Ego-Ich und zum Sein in der unsterblichen Wirklichkeit.

Ulladu Narpadu

1. Da wir die Welt wahrnehmen, steht es außer Frage, dass es eine Erste Ursache gibt, eine kreative Energie (*Shakti*), die sich mannigfach manifestiert. Das Bild, das aus Namen und Formen besteht, der Betrachter, die Leinwand und das Licht, das sie beleuchtet, all das ist das Selbst.

Es ist die Natur von uns Individuen, von uns getrennte Objekte und eine Welt wahrzunehmen. Dafür muss es eine erste Ursache geben. Um dieses Phänomen zu erklären, verwendet Ramana gerne das Bild vom Kino.

»Das Selbst umfasst alles. Es ist die Leinwand, die Bilder, der Zuschauer, der Schauspieler, der Vorführer, das Licht und alles andere.«[2]

2. Alle Religionen setzen drei Grundlagen voraus: [Gott, Mensch und Welt]. Die Debatte, ob sich eine erste Ursache als diese drei manifestiert oder ob diese drei auch drei verschiedene Dinge sind, dauert an, solange das Ego-Ich besteht. Doch der höchste Zustand ist, im wahren Selbst zu verbleiben, nachdem das Ego-Ich sein Ende gefunden hat.

Dass Gott, Mensch und Welt voneinander getrennt existieren steht der Behauptung entgegen, dass alle drei zwar getrennt wahrgenommen werden, aber eine gemeinsame Ursache haben. Ramana warnt vor solchen rein philosophischer Diskussionen, die zu nichts führen und der spirituellen Praxis abträglich sind.

»Die drei Wesenheiten sind der *jiva* (verkörperte Seele), Gott und die Bindung. Solche Dreiheiten gibt es in allen Religionen. Sie sind wahr, solange der Geist tätig ist. Sie sind reine Erfindungen des Geistes. Man kann von Gott nur sprechen, nachdem der Geist entstanden ist. Gott ist nicht vom Selbst verschieden. Das Selbst wird als Gott objektiviert. Mit dem Guru ist es dasselbe.«[3]

3. Wozu nützt die Diskussion, ob die Welt wirklich oder lediglich eine unwirkliche Erscheinung ist, ob ihr Bewusstsein eigen ist oder nicht, ob sie Glück oder Leid bedeutet? Der egolose Zustand, der diese dualistischen und nicht-dualistischen Überzeugungen überschreitet, in dem man die Welt lässt und sich selbst durch Ergründung erkennt, ist allen lieb und teuer.

Der Hinduismus kennt die Lehre des Nicht-Dualismus (*Advaita*) und des Dualismus (*Dvaita*) mit mehreren Zwischenformen, über die viel debattiert wird.

---

[2] aus Talk 313
[3] aus Talk 433

»*Dvaita* und Advaita sind relative Begriffe. Sie basieren auf dem Empfinden der Zweiheit. Das Selbst ist, wie es ist. Es gibt weder *Dvaita* noch *Advaita*. ›Ich bin, der ich bin.‹ Das Selbst ist einfach Sein.«[4]

4. Wenn wir selbst eine Gestalt haben, dann folgt daraus, dass auch die Welt und das Höchste eine Gestalt haben. Wenn wir jedoch gestaltlos sind, wer könnte dann ihre Gestalten sehen und auf welche Weise? Kann denn das Gesehene von anderer Natur sein als das Auge? Dieses Auge ist in Wahrheit das Selbst, das grenzenlose Auge.

Die Vorstellung von Gott und Welt beruht auf dem Wahrnehmenden. Ohne ihn gibt es weder das eine noch das andere als solches, weder Subjekt noch Objekt. Alles beruht auf dem, der sieht. Wenn wir uns mit dem Körper identifizieren, sind auch Gott und Welt von derselben Art wie wir, nämlich Formen und Gestalten. Wenn wir jedoch das grenzenlose Selbst sind – erkennbar durch das grenzenlose Auge – sind solche Definitionen nicht mehr möglich.

»Wenn du glaubst, dass du eine Gestalt hast und auf diesen Körper beschränkt bist und deshalb durch deine Augen sehen musst, haben Gott und Welt für dich ebenfalls eine Gestalt. Wenn du jedoch verstehst, dass du gestaltlos und unbegrenzt bist und dass du einzig existierst, dass du das Auge, das grenzenlose Auge bist, was könntest du dann noch wahrnehmen, was nicht dieses grenzenlose Auge ist? Es gibt nichts anderes zu sehen. Um ein Objekt zu sehen, muss es einen Sehenden sowie Raum und Zeit geben. Aber wenn einzig das Selbst existiert, ist es beides, Seher und Gesehenes und jenseits von Sehen und Gesehen werden.«[5]

---

[4] aus Talk 433
[5] Mudaliar: Tagebuch, 18.4.1946

5. Der Körper besteht aus fünf Hüllen[6]. Sie alle sind gemeint, wenn man vom ›Körper‹ spricht. Gibt es unabhängig vom Körper eine Welt? Sag, hat schon jemals jemand die Welt gesehen, der keinen Körper hat?

6. Die Welt besteht aus nichts anderem als aus den Sinnesobjekten (dem Gesehenen, Gerochenen, Geschmeckten, Gehörten und Getasteten). Sie werden durch die fünf Sinne (Augen, Nase, Mund, Ohren, Haut) wahrgenommen. Da der Geist die Welt nur mittels der fünf Sinne wahrnimmt, sag, kann es dann ohne den Geist eine Welt geben?

7. Obwohl Welt und wahrnehmender Geist gemeinsam auftauchen und wieder verschwinden, tritt die Welt erst durch die Wahrnehmung in Erscheinung. Das Vollkommene erstrahlt, ohne dass es auftaucht und wieder verschwindet. Dieser Ort, in dem Welt und Geist auftauchen und verschwinden, ist das einzig Wirkliche.

Seit jeher fragt der Mensch, wie die Welt entstanden ist. Wir kennen die Schöpfungsgeschichten aus den heiligen Schriften verschiedener Traditionen und die naturwissenschaftlichen Erklärungen der Entstehung der Welt. Wie auch in den späteren Versen deutlich wird, schenkt Ramana diesen Erklärungen keine große Beachtung, sondern führt uns zu einer verblüffend neuen und zunächst vielleicht auch etwas ungewohnten Sichtweise, deren Grundlage jedoch die tägliche Erfahrung jedes Menschen ist.

»Du siehst die Welt und willst wissen, wie sie entstanden ist. Man sagt, Gott habe sie erschaffen. Wenn du weißt, dass Er dich und alles andere erschaffen hat, bist du zufriedener und ruhiger. Aber das ist nicht die Verwirklichung. Verwirkli-

---

[6] die Hüllen aus Nahrung, Lebenskraft, niederer Geist (Sprachvermögen, Handeln, Wünsche, Absichten, Vorstellungen, Zweifel usf.), höherer Geist (Vernunft und Intuition) und die Hülle der Glückseligkeit (wie im Tiefschlaf oder *Samadhi*). Mit dem Körper ist nicht nur der materielle Leib gemeint, sondern auch alle geistigen Bereiche.

chung ist nur, wenn du dich selbst erkennst. Das ist Vollkommenheit oder Verwirklichung.«[7]

»Das *Vedanta* sagt, dass der Kosmos gleichzeitig mit dem, der ihn wahrnimmt, sichtbar wird und es keinen detaillierten Schöpfungsprozess gibt. Das ist augenblickliche Schöpfung (*yugapat srshti*). Es ist ähnlich wie im Traum, in dem derjenige, der den Traum erlebt, gleichzeitig mit den Objekten, die er im Traum erlebt, entsteht. Doch einige Leute kleben so sehr an einem objektiven Wissen, dass sie sich damit nicht zufrieden geben. Sie wollen wissen, wie eine sofortige Schöpfung möglich sein könne, und argumentieren damit, dass es eine Ursache geben müsse, die der Wirkung vorangeht. Sie wollen eine Erklärung für die Existenz der Welt, die sie um sich herum wahrnehmen. Deshalb versuchen die heiligen Schriften, ihre Neugierde mit solchen Schöpfungstheorien zu befriedigen. Diese Methode, mit dem Thema umzugehen, nennt man die Theorie der schrittweisen Schöpfung (*krama srishti*). Aber der wirkliche spirituelle Sucher gibt sich mit einer sofortigen Schöpfung (*yugapat srshti*) zufrieden.«[8]

Die Welt und der menschliche Geist sind nicht beständig, weder in dem Sinn, dass sie dauerhaft da sind, noch dass sie unwandelbar sind. Ramana nennt alles Vergängliche unwahr, falsch und unwirklich, während er das Unvergängliche als wahr und wirklich bezeichnet. Es ist das unveränderliche Selbst, das die Quelle und Grundlage der vergänglichen Erscheinungen bildet.

Ein Besucher fragte: »Was ist die Wirklichkeit der Welt?«

Bhagavan: »Wenn du zuerst deine eigene Wirklichkeit kennst, wirst du auch in der Lage sein, die Wirklichkeit der Welt zu kennen. Es ist seltsam, dass die meisten Leute sich nicht darum bemühen, ihre eigene Wirklichkeit zu kennen, aber unbedingt die Wirklichkeit der Welt kennen wollen. Nimm zuerst dich selbst wahr. Dann kannst du sehen, ob die Welt unabhängig von dir existiert und ob sie in der Lage ist, zu dir zu

---

[7] aus Talk 331
[8] aus Talk 651

15

kommen, um dir zu versichern, dass sie wirklich ist und existiert.«[9]

Devaraja Mudaliar berichtet von folgendem Gespräch:

Bhagavan: »Alles, was wir sehen, wandelt sich beständig. Es
muss etwas Unveränderlich geben, das die Basis bzw. Quelle
von allem ist.«

G.V.Subbaramayya: »Welche Begründung gibt es für den
Gedanken, dass die Quelle unveränderlich sein muss?«

Bhagavan: »Es ist nicht nur ein Gedanke, sondern eine Tatsache, derer sich jeder bewusst ist. Das Ich existiert im Tiefschlaf, wenn alle veränderlichen Dinge nicht existieren. Es
existiert im Traum und im Wachzustand. Das Ich bleibt in all
diesen Zuständen unveränderlich, während andere Dinge
kommen und gehen.«

Dr. S. Mani fragte: »Aber warum erscheint die Welt?«

Bhagavan: »Wem erscheint sie? Du siehst die Welt, und deshalb existiert sie. Existiert sie auch unabhängig vom Seher?
Kommt sie zu dir und sagt: ›Ich existiere‹? Welchen Beweis
für ihre Existenz gibt es, außer dass du sagst, dass du sie
wahrnimmst?«[10]

Der Ursprung, dort wo Geist und Welt entstehen, ist das ewig
Wirkliche. Dieser Ort des Entstehens und Verschwindens
nennt Ramana auch ›das spirituelle Herz‹, das in den späteren
Versen noch oft vorkommt. Es ist das Selbst, das ewig aus
sich selbst erstrahlt und das auch die Grundlage der drei Zustände von Wachen, Träumen und Tiefschlaf ist.

**8. Mit welchem Namen und in welcher Form du auch die
absolute Wirklichkeit verehrst, es ist ein Weg zum Voll-
kommenen, das ohne Namen und Form ist. Doch solltest
du dein eigenes wahres Selbst in Ihm, dem höchsten Sein,
erkennen, in Ihn eingehen und eins mit Ihm sein. Das ist
die wahre Erkenntnis der Wahrheit.**

---

[9] Mudaliar: Tagebuch, 19.10.1945
[10] dto., 15.6.1946

Ramana räumt der Verehrung einer Gottheit durchaus ihren Platz ein, doch zugleich macht er deutlich, dass damit der Weg nicht endet.

Die Gottheit unterliegt immer einer Vorstellung. Wir nennen sie beim Namen und geben ihr eine Gestalt. Damit wird Gott objektiviert und tritt dem eigenen Ich entgegen. Das kann ein Weg sein, wenn man sich Gott völlig hingibt, doch müssen damit auch allmählich alle Gedanken an eine objektive Gottheit aufgegeben werden, und man muss zur Wahrheit vordringen, dass es diese Trennung in Wirklichkeit nicht gibt, da sie auf dem unwirklichen Ich beruht. Das wird im nächsten Vers nochmals verdeutlicht.

9. Alle Zweiheit und Dreiheit beruhen auf dem Ego. Wenn man untersucht »Wer ist dieses Ego?«, verschwinden sie, und man erkennt die Wahrheit. So jemand ist ein Weiser. Ihn verwirren diese Dinge nicht mehr. Das solltest du wissen.

Mit der Zweiheit sind die Gegensätze wie Wissen und Nichtwissen, Licht und Dunkel, Freude und Leid usf. gemeint. Mit der Dreiheit sind die Dreiheit von Erkennendem (Subjekt), Erkanntem (Objekt) und Erkennen und die Dreiheit von Mensch, Welt und Gott gemeint. Beides taucht erst auf, nachdem das individuelle Ich-Empfinden in Erscheinung getreten ist. Wenn man dieses Ego-Ich durch die Suchfrage »Wer ist dieses Ich?« ergründet, wird man herausfinden, dass es nicht existiert, und seiner Quelle (dem Selbst) gegenwärtig. So einen Menschen verwirren die Gegensätze und Dreiheiten nicht mehr, da er weiß, woher das alles kommt.

10. Ohne Nichtwissen gibt es kein Wissen und ohne Wissen kein Nichtwissen. Wenn man fragt: »Wer ist es, der weiß und nicht weiß?« und das Selbst, die Quelle von beidem erkennt, ist das die wahre Erkenntnis.

Wissen und Nichtwissen beziehen sich auf die mittelbare Erkenntnis durch die Sinne und auf den Geist, auf die Art, wie die Welt wahrgenommen wird. Dieses mittelbare Wissen darf nicht mit der Erkenntnis, dem Gewahrwerden des Selbst verwechselt werden, da es nur relativ ist und sich im Rahmen von Subjekt und Objekt bewegt.

»*Brahman* kann man weder sehen noch kennen. Es ist jenseits der Dreiheit von Seher, Gesehenem und Sehen bzw. Erkennendem, Erkanntem und Erkennen. Die Wirklichkeit ist immer wie sie ist. Der Grund für *Ajnana* oder die Welt ist unsere Täuschung. Weder Wissen noch Unwissenheit ist wirklich. Was jenseits von allen Gegensätzen ist, ist die Wirklichkeit. Sie ist weder Licht noch Dunkelheit, sondern jenseits von beidem, obwohl wir sie zuweilen Licht nennen, und die Unwissenheit als ihren Schatten bezeichnen.«[11]

11. Wenn man alle Objekte [die ganze Welt] kennt, aber nicht sich selbst (den Erkennenden), ist das Unwissenheit. Wenn man sein wahres Selbst erkennt, das die Grundlage des mittelbaren Wissens und Nichtwissen ist, finden sowohl Wissen als auch Nichtwissen ihr Ende.

12. Wahre Erkenntnis ist frei von Wissen und Nichtwissen. Das mittelbare Wissen von Objekten kann nicht die wahre Erkenntnis sein. Das Selbst erstrahlt immer aus sich selbst, ohne dass es etwas gäbe, das Es erkennen und von dem Es erkannt werden könnte [i. e. ohne die Beziehung von Subjekt und Objekt]. Dennoch ist es die wahre Erkenntnis und keine Leere. Das solltest du wissen.

»Die Abwesenheit von Gedanken bedeutet keine Leere. Es muss ja einen geben, der die Leere erkennt. Wissen und Nichtwissen gehören dem Geist an. Sie sind aus der Zweiheit geboren. Aber das Selbst ist jenseits von Wissen und Nichtwissen. Es ist Licht. Man braucht das Selbst nicht mit einem anderen Selbst zu erkennen. Es gibt keine zwei Selbste. Was nicht das Selbst ist, ist das Nicht-Selbst. Das Nicht-Selbst kann das Selbst nicht erkennen. Das Selbst hört und sieht nicht. Es befindet sich jenseits von alledem – es ist das einzige und reine Bewusstsein.

---

[11] dto., 10.6.1946

Eine Frau, die eine Kette um ihren Hals trägt, glaubt, sie verloren zu haben, und geht auf die Suche nach ihr, bis eine Freundin sie auf ihren Irrtum aufmerksam macht. Sie hat das Gefühl des Verlustes. Ihre Angst der Suche und ihre Freude der Entdeckung sind selbst geschaffen. Ähnlich verhält es sich mit dem Selbst. Es ist die ganze Zeit da, ob du es nun suchst oder nicht. Und wie die Frau es so empfindet, als habe sie die verlorene Halskette wiedergefunden, so enthüllt die Beseitigung der Unwissenheit und der falschen Identifikation das Selbst, das immer, hier und jetzt, da ist. Das nennt man Verwirklichung. Sie ist nichts Neues. Sie besteht in der Beseitigung der Unwissenheit und in nichts weiter.

Bei der Suche nach dem Geist kann es zu einer Gedankenleere kommen. Der Geist muss mit Stumpf und Stiel ausgerissen werden. Finde heraus, wer der Denker, der Sucher ist. Bleibe der Denker, der Sucher, dann verschwinden alle Gedanken.«[12]

13. Das Selbst ist Erkenntnis (*Jnana*) und ist das einzig Wirkliche. Das Wissen von diesem und jenem (vom Mannigfachen) dagegen ist Nichtwissen. Dieses Nichtwissen ist unwirklich, denn es kann nicht ohne das Selbst, das Erkenntnis ist, existieren. Oder können etwa die vielerlei Schmuckstücke unabhängig vom Gold existieren, sag?

Das relative Wissen von den Dingen ist ohne die letzte Wirklichkeit (das Selbst) nicht möglich, denn es beruht auf ihr, wie das Beispiel vom Gold und den Schmuckstücken erläutert, das Ramana gerne verwendet, um diesen Aspekt deutlich zu machen. Ohne das Gold können Ringe, Armbänder, Halsketten, Ohrringe usw. nicht existieren.

»Baumwolle, die zu Kleidungsstücken verarbeitet wurde, geben wir verschiedene Namen. Gold, aus dem Schmuck gemacht wurde, ebenso. Aber alle Kleidungsstücke sind

---

[12] aus Talk 245

Baumwolle, und aller Schmuck ist Gold. Das Eine ist wahr, die vielen Dinge sind lediglich Namen und Formen.«[13]

14. Wenn die erste Person (ich) existiert, existieren auch die zweite und dritte Person (du, er, sie, es). Doch wenn man die Wirklichkeit dieser ersten Person hinterfragt, wird sie vernichtet, und damit hören auch die zweite und dritte Person zu existieren auf. Was dann als Eines erstrahlt, ist unsere wahre Natur, das wahre Selbst.

»Ordnet man die Gedanken nach ihrer Wertigkeit, dann ist der Ich-Gedanke von allen der wichtigste. Die Vorstellung oder der Gedanke von der Persönlichkeit ist auch die Wurzel oder der Stamm von allen anderen Gedanken, da jede Vorstellung und jeder Gedanke nur als der Gedanke einer Person auftaucht und nicht unabhängig vom Ego existieren kann. Es ist also das Ego, das denkt. Die zweite und dritte Person (du und er) erscheinen nur der ersten Person (mir). Deshalb tauchen sie erst auf, nachdem die erste Person aufgetaucht ist, sodass alle drei Personen zusammen aufzutauchen und zu verschwinden scheinen. Spüre also die letzte Ursache des Ich oder der Persönlichkeit auf.«[14]

15. Vergangenheit und Zukunft basieren auf der Gegenwart. Während sie sich ereignen, sind auch sie Gegenwart. Also existiert nur die Gegenwart. Wenn man Vergangenheit und Zukunft ergründen will und sich dabei der Wirklichkeit des Jetzt nicht vergewissert, ist es, als ob man ohne die Eins zählen wollte.

»Unser Problem ist, dass wir die Vergangenheit kennen und wissen wollen, was wir waren und wie unsere Zukunft aussehen wird. Aber wir wissen nichts von der Vergangenheit und der Zukunft. Doch wir kennen die Gegenwart und wissen, dass wir jetzt existieren. Beides, gestern und morgen, bezieht sich immer auf das Heute. Gestern haben wir zum Gestern ›heute‹ gesagt, und morgen werden wir dasselbe tun. ›Heute‹ ist immer gegenwärtig. Was immer gegenwärtig ist, ist das

---

[13] Mudaliar: Tagebuch, 11.1.1946
[14] aus Talk 26

reine Sein. Es hat keine Vergangenheit und Zukunft. Warum versuchst du nicht, die Wahrheit der Gegenwart und des immer gegenwärtigen Seins herauszufinden?«[15]

16. Gibt es Raum und Zeit ohne uns? Wenn wir der Körper sind, sind wir in Raum und Zeit gefangen. Doch sind wir der Körper? Wir sind dieselben, jetzt, damals und für immer, hier, dort und überall. Wir existieren und wir sind raum- und zeitlos.

»Raum und Zeit verändern sich ständig. Aber es gibt etwas, das ewig und unwandelbar ist. Während des Tiefschlafs gibt es für uns nichts, weder Welt noch Zeit, weder Vergangenheit noch Zukunft. Aber wir existieren. Wir wollen herausfinden, was unwandelbar ist und immer existiert.«[16]

17. Für jene, die das Selbst erkennen und für jene, die es nicht erkennen, ist der Körper ›ich‹. Für jene, die es nicht erkennen, ist das Ich lediglich auf den Körper beschränkt. Für jene, die das Selbst im Körper erkennen, erstrahlt das Ich als das unbegrenzte Selbst. Wisse, dass das der Unterschied zwischen beiden ist.

»Sowohl der *jnani* als auch der *ajnani* sagen: ›Ich bin der Körper.‹ Worin besteht der Unterschied? ›Ich bin‹ ist die Wahrheit. Der Körper ist die Begrenzung. Der *ajnani* beschränkt das Ich auf den Körper. Doch im Tiefschlaf besteht das Ich auch unabhängig vom Körper. Dasselbe Ich existiert jetzt im Wachzustand. Obwohl man sich vorstellt, dass das Ich im Körper ist, existiert es tatsächlich ohne den Körper. Die falsche Aussage: ›Ich bin der Körper‹ macht das Ich. Der Körper ist träge und kann das selbst nicht sagen. Der Fehler liegt darin, das Ich für etwas zu halten, was es nicht ist. Das Ich ist nicht empfindungslos. Deshalb kann es nicht der träge Körper sein. Die Bewegungen des Körpers werden mit dem Ich verwechselt. Daraus entwächst Elend. Ob der Körper aktiv ist oder nicht, ›ich‹ bin frei und glücklich. Das Ich des *ajnani* ist nur der Körper. Darin besteht der ganze Irrtum. Das

---

[15] Mudaliar: Tagebuch, 3.1.1946
[16] dto., 18.3.1946

Ich des *jnani* schließt den Körper und alles andere mit ein. Die ganze Verwirrung wird von etwas verursacht, das zwischen Ich und Körper entsteht.«[17]

18. Die Welt ist wirklich für jene, die das Selbst erkennen und für jene, die es nicht erkennen. Für jene, die es nicht erkennen, ist die Welt (aus Namen und Formen) das Maß der Wirklichkeit. Für jene, die es erkennen, erstrahlt die Wirklichkeit unbegrenzt als die Grundlage der Welt. Wisse, dass das der Unterschied zwischen beiden ist.

F.: »Lebt der Verwirklichte nicht genauso weiter wie der Nicht-Verwirklichte?«

M.: »Ja, mit dem Unterschied, dass der Verwirklichte die Welt nicht getrennt vom Selbst wahrnimmt. Er besitzt wahre Erkenntnis und das innere Glück, vollkommen zu sein, während der andere die Welt getrennt von sich wahrnimmt und sich unvollkommen und elend fühlt. Ansonsten sind ihre physischen Handlungen dieselben.«[18]

19. Nur jene diskutieren darüber, ob Schicksal oder Willensfreiheit die Oberhand gewinnt, die die Ursache von beidem, nämlich das Ich, nicht erkennen. Jene, die es als den gemeinsamen Ursprung von Schicksal und Willensfreiheit erkennen, sind von beidem befreit. Sag, werden sie sich jemals wieder darin verstricken?

F.: »Hat der Mensch einen freien Willen, oder ist alles in seinem Leben vorherbestimmt?«

M.: »Der freie Wille besteht in Verbindung mit der Individualität. Solange es eine Individualität gibt, gibt es auch einen freien Willen. Alle Schriften stützen sich auf diese Tatsache und raten, den freien Willen in die richtige Bahn zu lenken.

Finde heraus, wer einen freien Willen hat oder vorherbestimmt ist, und verbleibe darin. Damit sind beide überschritten. Darin liegt der einzige Zweck, solche Fragen zu diskutie-

---

[17] aus Talk 248
[18] aus Talk 487

ren. Wem stellen sich diese Fragen? Finde das heraus und sei in Frieden.«[19]

Der Physikdozent B.C. Das stellte Fragen zum freien Willen und Schicksal.

M.: »Um wessen Wille handelt es sich? Du wirst antworten: ›Um meinen‹. Du bist aber jenseits von Wille und Schicksal. Bleibe so, und du überwindest beide. Das ist gemeint, wenn man vom Überwinden des Schicksals durch den Willen spricht. Man kann das Schicksal überwinden. Es ist nur das Ergebnis vergangenen Handelns. Durch den Umgang mit Weisen werden die schlechten Neigungen überwunden, und man sieht die eigenen Erfahrungen in ihrer richtigen Perspektive.«[20]

20. Wenn man Gott sieht und dabei sich selbst als den Sehenden außer Acht lässt, ist das nur eine geistige Projektion. Kann man überhaupt sagen, dass derjenige, der das Selbst sieht, wahrhaft Gott, seinen Ursprung, sieht? Jener, der das Ego-Ich verloren hat, ist nicht mehr von Gott verschieden.

21. Was ist damit gemeint, wenn es in vielen gelehrten Werken heißt, dass das Ego-Ich das Selbst bzw. Gott sieht? Wie könnte man sein eigenes Selbst sehen, da man doch nur eines ist? Und wie könnte man Gott sehen? Beides ist nur möglich, indem man Seine Beute wird.

Ein objektives Sehen oder Erkennen Gottes oder des Selbst ist nicht möglich. Wenn die heiligen Schriften vom Sehen Gottes bzw. des Selbst sprechen, meinen sie damit, dass man ins Selbst bzw. Gott eingehen muss, dass man es sein muss.

»Das Selbst zu kennen bedeutet, es zu sein. Kannst du etwa behaupten, das Selbst nicht zu kennen? Verleugnest du die Existenz deiner Augen, obwohl du sie nicht sehen kannst und gerade keinen Spiegel zur Hand hast? Ähnlich bist du dir deines Selbst gewahr, obwohl es nicht objektiviert werden

---

[19] aus Talk 426
[20] aus Talk 209

kann. Oder leugnest du deshalb dein Selbst? Wenn du sagst: ›Ich kann das Selbst nicht erkennen‹, meinst du es im Sinn von relativem Wissen, weil du so sehr an relatives Wissen gewöhnt bist, dass du dich damit identifizierst. Diese falsche Identifizierung hat zu der Schwierigkeit geführt, das offensichtliche Selbst nicht zu erkennen, weil man es nicht objektivieren kann.«[21]

22. Es ist das Licht des Herrn, das den Geist erhellt. Wie könnte man mit dem geborgten Licht des Geistes das Licht allen Lichtes erkennen, ohne den Geist nach innen zu wenden und sich mit Ihm zu vereinigen, sag?

»Will man ein Objekt im Dunkeln sehen, sind sowohl die Augen als auch eine Lampe nötig. Will man nur das Licht wahrnehmen, genügen die Augen. Will man die Sonne wahrnehmen, braucht es kein anderes Licht. Selbst wenn du eine Lampe bei dir hast, verschwindet deren Licht im Sonnenschein. Ebenso ist auch der Intellekt nutzlos, um das Selbst zu erkennen. Um die Welt und die Dinge zu sehen, braucht es den Geist und das reflektierte Licht, das immer zusammen mit dem Geist ersteht. Um dagegen das Selbst zu sehen, muss man lediglich den Geist nach innen wenden. Dazu braucht man kein reflektiertes Licht.«[22]

23. Dieser Körper sagt nicht »ich«. Und keiner behauptet, dass er während des Tiefschlafs nicht existiert. Erst nachdem das Ich aufgetaucht ist, taucht auch alles andere auf. Forsche mit einem konzentrierten Geist nach der Quelle, aus der dieses Ich entsteht.

24. Dieser grobstoffliche Körper sagt nicht »ich«. Sein und Bewusstsein (*Sat-Chit*, das Selbst) ist nichts, was entsteht und verschwindet. Aber zwischen beidem entsteht dieses Ich, das auf den Körper beschränkt ist. Das ist der Knoten zwischen dem Bewussten und dem Unbewussten, Bindung, *Jiva*, subtiler Körper, Ego, *Samsara* (die weltlichen Bedingungen unserer Existenz) und der Geist.

---

[21] aus Talk 363
[22] Mudaliar: Tagebuch, 21.11.1945

Ramana betont, dass der materielle Körper nicht »ich« sagt. Er meint damit, dass dieses Ich-Empfinden zwar in Verbindung mit dem Körper besteht, dass der Körper aber nicht die Quelle dafür ist. Ebenso wenig ist das reine Bewusstsein des Selbst dieses begrenzte Ich, obwohl es auch mit ihm in Verbindung steht. Das Ich nimmt sozusagen eine Zwischenstellung ein. Es ist ein Knoten, der gelöst werden muss, indem man ergründet, was es ist.

25. Dieses Phantom-Ego, das keine eigene Gestalt besitzt, entsteht, indem es eine Gestalt (einen Körper) ergreift. Es hält sich am Leben, indem es an ihr festhält, nährt sich von den Sinnesobjekten und gewinnt so an Stärke. Wenn es die eine Gestalt im Tod verlässt, ergreift es dafür eine andere. Doch wenn du nach ihm suchst, ergreift es die Flucht. Das solltest du wissen.

Wenn man durch die Selbstergründung untersucht, was dieses Ich genau ist, findet man heraus, dass es keine eigene Existenz und Gestalt hat. Es ist ein Phantom.

»Die Festlichkeiten einer Hindu-Hochzeit dauern fünf oder sechs Tage. Einmal mischte sich ein Fremder unter die Gäste. Die Verwandten der Braut hielten ihn irrtümlich für einen Freund des Bräutigams und behandelten ihn deshalb äußerst zuvorkommend. Als das die Verwandten des Bräutigams bemerkten, hielten sie ihn für einen besonders wichtigen Mann der Verwandten der Braut und zollten ihm deshalb ebenfalls besonderen Respekt. Der Fremde verbrachte eine angenehme Zeit, doch er war sich stets seiner wirklichen Situation bewusst. Dann wollten die Verwandten des Bräutigams ihn sprechen. Er ahnte Schlimmes und suchte das Weite. So ist es auch mit dem Ego. Sucht man es, verschwindet es. Sucht man es nicht, macht es weiterhin Schwierigkeiten.«[23]

In Upadesa Saram V. 19 heißt es ähnlich:

»Woher kommt dieses ›Ich‹? Wer so fragt … AHA!, dessen ›Ich‹ fällt ab. Das ist Selbst-Ergründung.«

---

[23] aus Talk 612

Miles Wright schreibt dazu in seinem Kommentar: »Wenn man schließlich mit aufrichtiger Hingabe der Selbst-Ergründung nachgeht, führt das zum unausweichlichen Resultat, dass das Ego-Ich einfach wegfällt. Es ist besiegt und vernichtet und hinterlässt eine spontane Wiederholung (*sphurana*) unserer wahren Identität. All der Unsinn, dem dieses ›Ich‹ Substanz verliehen hat, ist auf einmal verschwunden. Die Subjekt-Objekt-Beziehung hat sich verwandelt.«[24]

26. Wenn sich das Ich erhebt, erhebt sich auch alles andere. Ist es nicht da, ist auch nichts anderes da. Das Ich ist wahrlich alles. Wenn man deshalb erforscht: »Was ist dieses ›Ich‹?«, dann wird man das alles los. Das solltest du wissen.

Wenn sich das Ego-Ich erhebt, entsteht mit ihm die ganze Welt. Ohne dieses wahrnehmende, individuelle Ich gibt es keine objektive Welt. Wenn man jedoch erforscht, was dieses Ich ist, verschwindet es, wie im vorhergehenden Vers bereits gesagt wurde, und damit auch die ganze objektive Welt, die Spaltung in Subjekt und Objekt, und man bleibt in seinem ursprünglichen Zustand, wie Ramana im folgenden Vers ausführt.

27. Im Zustand, in dem sich das Ich nicht erhebt, sind wir DAS. Wenn man nicht den Ursprung dieses Ich erforscht, wie kann man es da endgültig loswerden, sodass es sich nicht mehr erhebt? Und wenn man das nicht erreicht, wie kann man dann in seinem ursprünglichen Zustand, in dem man DAS ist, fest gegründet sein, sag?

28. Wie jemand tief hinabtaucht, um etwas zu finden, das ins Wasser gefallen ist, so muss man mit konzentriertem Geist tief in sich selbst hinabtauchen und Sprechen und Atmen kontrollieren, um den Ursprung zu entdecken, von wo das Ich sich erhebt. Das solltest du wissen.

---

[24] Die Quintessenz der spirituellen Unterweisung, S. 38

In ›Wer bin ich?‹ heißt es: »Wie der Perlentaucher die Perlen vom Meeresgrund holt, indem er sich Steine um die Taille bindet, um tief hinabzutauchen, so kann jeder die Perle des Selbst erlangen, wenn er durch Entsagung tief in sich selbst hinabtaucht.«[25]

29. Sag nicht (laut) »ich«, sondern suche mit einem nach innen getauchten Geist, wo dieses Ich entspringt. Das allein ist der Weg der Erkenntnis. Es kann zwar hilfreich sein, wenn man denkt: »Ich bin nicht dies [i. e. der Körper]. Ich bin DAS [*Brahman*]«, doch ist das Selbstergründung?

30. Wenn der Geist sich nach innen wendet und erforscht: »Wer bin ich?« und das Herz erreicht, neigt das Ich schamvoll sein Haupt, und das Eine erscheint spontan als »Ich-Ich«. Doch obwohl es auf diese Art erscheint, ist es nicht das Ego-Ich, sondern die vollkommene Wirklichkeit, das wahre Selbst.

In Upadesa Saram heißt es: »Wenn das Ich-Gefühl (Ego) vernichtet ist, kommt das Herz als das höchste, vollständige Sein (Gesamtheit) von selbst deutlich zum Vorschein. Als ›Ich-Ich‹ bricht es hervor.«[26]

31. Was gibt es für jenen noch zu tun, dessen Ich zerstört ist und der die Seligkeit des Selbst genießt, die daraus entsteht? Er kennt nichts, was vom Selbst verschieden wäre. Sag, wer könnte seinen Zustand begreifen?

32. Die heiligen Schriften verkünden: »Ich bin DAS.« Wenn man jedoch nur meditiert: »Ich bin DAS, ich bin nicht jenes«, anstatt dass man das Selbst durch die Ergründung erkennt und in jenem Zustand verweilt, zeugt das von geistiger Unreife, da man immer das Selbst ist.

Ramana betont, dass die bekannte Meditationstechnik »Neti-Neti« (»Ich bin nicht dies, ich bin nicht das«), in der man alles

---

[25] Wer bin ich?, S. 23
[26] Die Quintessenz der spirituellen Unterweisung, V. 20

ausschließt, was nicht das ewige Selbst ist (wie Körper, Atem, Gedanken usf.), nicht die Selbstergründung sein kann.[27]

Das Gegenstück zu dieser negierenden Methode ist die Affirmation:»Ich bin DAS [i.e. *Brahman*]«. Für sie gilt dasselbe.

»Doch wozu sollten wir immerzu ›*Soham*‹ [Ich bin DAS] sagen? Man muss das wahre Ich ausfindig machen. Mit dem Ich in der Frage ›Wer bin ich?‹ ist das Ego gemeint. Wenn wir versuchen, es aufzuspüren und seinen Ursprung zu finden, verstehen wir, dass es keine getrennte Existenz hat und im wahren Ich aufgeht.«[28]

Ramana erklärt in ›Wer bin ich?‹ den Weg der Selbstergründung (*Atma Vichara*) folgendermaßen:

»Wenn andere Gedanken auftauchen, dann denke den aufsteigenden Gedanken nicht zu Ende, sondern erforsche auf der Stelle: ›Wer ist es, dem dieser Gedanke kommt?‹ Was macht es schon aus, wie viele Gedanken dir kommen? Sobald sich ein Gedanke bildet, erforsche aufmerksam: ›Wem kommt dieser Gedanke?‹ Die Antwort lautet: ›mir‹. Wenn du weiterforschst: ›Wer bin ich?‹, kehrt der Geist zu seinem Ursprung zurück, und der auftauchende Gedanke verblasst. Wenn du das ausdauernd praktizierst, wächst die Kraft des Geistes, in seiner Quelle zu bleiben.«[29]

Und an anderer Stelle:

»Die Wirklichkeit ist einfach der Verlust des Egos. Vernichte das Ego, indem du seine Identität suchst. Da das Ego keine selbständige Wesenheit ist, wird es automatisch verschwinden, und die Wirklichkeit wird von selbst aufleuchten. Dies ist die direkte Methode. Bei allen anderen Methoden behält man das Ego zurück. Dabei tauchen viele Zweifel auf, wobei die eigentliche Frage am Ende doch noch angegangen werden muss. Aber bei dieser Methode ist die eigentliche Frage die einzige, und sie wird von Anfang an gestellt. Man muss sich

---

[27] eine genaue Beschreibung der »*Neti-Neti*«-Methode findet sich in Wer bin ich?, S. 15f
[28] Mudaliar: Tagebuch, 2.1.1946
[29] Wer bin ich?, S. 18f

keinen spirituellen Übungen (*sadhanas*) widmen, um sich mit dieser Frage zu befassen.«[30]

33. Zu sagen: »Ich habe mich nicht erkannt« oder »ich habe mich erkannt« ist lächerlich. Warum? Gibt es etwa zwei Selbste, sodass das eine von ihnen aus dem anderen ein Objekt machen könnte, da doch jeder sich als ein einziges Sein erfährt?

34. Anstatt die Wahrheit zu kennen, die beständig im Herzen eines jeden wohnt, und dort zu verweilen, zu disputieren: »Es existiert, Es existiert nicht, Es hat eine Gestalt, Es ist gestaltlos, Es ist eines, Es ist zwei, Es ist nichts von beidem« ist Unwissenheit und Verblendung.

35. »*Siddhi* bedeutet, das wahrzunehmen, was man immer schon erlangt hat, und darin zu verweilen. Alle anderen *Siddhis* sind reine Traum-*Siddhis*. Sind sie noch wirklich, wenn man vom Schlaf erwacht? Können jene, die in ihrem wahren Zustand bleiben und von aller Verblendung frei sind, sich noch von ihnen irreführen lassen? Das solltest du bedenken.«

Siddhi meint allgemein etwas, das man erlangt hat, aber auch der Besitz von übernatürlichen Fähigkeiten. Ramana spricht hier jene an, die auf übernatürliche Fähigkeiten aus sind. Er stellt die Frage, was das wahre *Siddhi* (die wirkliche Errungenschaft) sei, und antwortet, dass das wahre *Siddhi* nicht erlangt werden kann, da es bereits da ist, denn es ist das eigene Selbst. Alles, was man noch zusätzlich erlangen könnte, sind lediglich falsche *Siddhis*. (s. a. Anubandham V. 15f)

36. Wenn wir glauben, dass wir der Körper sind, ist der Gedanke: »Nein, das sind wir nicht. Wir sind DAS« hilfreich, um als DAS zu verweilen. Doch warum sollen wir immerzu denken, dass wir DAS sind, da wir DAS doch immer sind? Denkt denn ein Mensch immerzu, dass er ein Mensch ist?

---

[30] aus Talk 146

37. Die Behauptung: »Während der Übung ist man in Zweiheit (*Dvaita*) und wenn man verwirklicht hat in Einheit (*Advaita*)« ist falsch. Man ist, wie in der Parabel, der vermisste zehnte Mann, sowohl während man ihn bang sucht, als auch wenn man herausfindet, dass man es selber ist.

Hier bezieht sich Ramana auf eine bekannte Parabel:

Zehn Männer durchquerten einen Fluss. Als sie das andere Ufer erreicht hatten, wollten sie sich vergewissern, dass alle sicher hinübergekommen waren. Einer begann zu zählen, vergaß aber, sich selbst mitzuzählen, und sagte: »Ich sehe nur neun. Wir müssen jemanden verloren haben, aber wen?« Ein anderer fragte: »Hast du richtig gezählt?« und zählte nach. Aber auch er kam nur auf neun. Einer nach dem anderen zählte durch, und jeder vergaß sich selbst. Sie kamen überein, dass sie nur neun waren, wussten aber nicht, wer fehlte. Jeder Versuch, den Vermissten ausfindig zu machen, schlug fehl. Der Sentimentalste von ihnen jammerte: »Er ist ertrunken. Wir haben ihn verloren!« Da stimmten die Übrigen in sein Klagen ein.

Ein Reisender sah, wie sie am Ufer weinten, und fragte nach dem Grund. Da erzählten sie ihm ihre Geschichte. Der Reisende vermutete, was geschehen war. Um sie zu überzeugen, dass sie wirklich zehn waren und alle sicher den Strom überquert hatten, schlug er vor: »Wenn ich jedem von euch einen Schlag versetze, zählt jeder sich selbst: eins, zwei drei … und so fort. Dann kann jeder sicher sein, dass er mitgezählt wird, und wir verhindern, dass jemand doppelt gezählt wird. So werden wir den Vermissten finden.«

Alle waren damit einverstanden. Der Reisende gab einem nach dem anderen einen Schlag, und sie zählten sich nacheinander durch: eins, zwei, drei …, bis der letzte Mann »zehn« sagte. Verwirrt sahen sie einander an und sagten mit einer Stimme: »Wir sind zehn!« Sie bedankten sich bei dem Reisenden, dass er sie von ihrem Kummer befreit hatte.[31]

---

[31] nach Spiritual Stories, S. 27f

**38. Wenn wir die Täter unseres Tuns sind, müssen wir auch dessen Früchte verkosten. Doch wenn wir fragen:
»Wer ist der Handelnde?« und das Selbst erkennen, verschwindet dieses Gefühl, der Handelnde zu sein, und auch die drei *Karmas* fallen von uns ab. Das ist der Zustand der Befreiung, der ewig währt.**

Die drei Arten von *Karma* sind das *Karma* aus der Vergangenheit, der Gegenwart und der Zukunft.

Fr.:»Wenn ich nicht der Körper bin, bin ich dann für die Konsequenzen meiner guten und schlechten Handlungen verantwortlich?«

Bhagavan:»Wenn du nicht der Körper bist und nicht das Gefühl hast, dass du der Täter bist, betreffen dich die Konsequenzen deiner guten und schlechten Handlungen nicht. Warum sagst du von den Handlungen, die der Körper tut: ›Ich tue dies‹ oder ›ich habe das getan‹? Solange du dich auf diese Weise mit dem Körper identifizierst, musst du auch die Konsequenzen der Handlungen tragen und hast Verdienst und Verlust.«[32]

39. Solange man denkt, dass man gebunden ist, besteht auch die Vorstellung von Bindung und Befreiung. Wenn man untersucht:»Wer ist gebunden?«, bleibt das Selbst übrig, das man immer schon erlangt hat und das immer frei ist. Wenn der Gedanke an Bindung nicht bestehen kann, wie könnte der Gedanke an Befreiung überleben?

»Es gibt nur zwei Wege, das Schicksal zu überwinden und von ihm unabhängig zu sein. Der eine Weg ist zu erforschen, wer dem Schicksal unterworfen ist und zu entdecken, dass nur das Ego und nicht das Selbst gebunden ist und dass das Ego nicht existiert. Der andere Weg ist, das Ego zu töten, indem man sich völlig dem Herrn unterwirft. Man erkennt seine Hilflosigkeit und sagt beständig: ›Nicht ich, sondern Du, oh Herr!‹, gibt jedes Empfinden von ›ich‹ und ›mein‹ auf und überlässt es dem Herrn, mit einem zu tun, was er will. Die

---

[32] Mudaliar: Tagebuch, 20.6.1946

Hingabe ist nicht vollständig, solange der Verehrer etwas vom Herrn will. Wahre Hingabe ist die Liebe zu Gott einzig um der Liebe willen, nicht einmal um der Befreiung willen. Oder anders gesagt: die völlige Auslöschung des Egos ist nötig, um das Schicksal zu überwinden, gleichgültig ob das nun durch die Selbstergründung oder durch den Weg der Hingabe geschieht.«[33]

40. Es gibt dreierlei Lehrmeinungen über die Art der Befreiung: mit Form, ohne Form oder beides. Ich aber sage, dass die Vernichtung des Egos, das zwischen den drei Arten unterscheidet, die Befreiung ist. Das solltest du wissen.

Es gibt dreierlei Lehrmeinungen über die Art der Befreiung. So sagen die einen, dass die befreite Seele keinen Körper mehr haben könne, während die anderen meinen, dass die befreite Seele noch einen Körper habe. Eine dritte Gruppe hält dagegen beides für möglich. Diesem rein philosophischen Streit, was der Zustand nach der Verwirklichung sei, entzieht Ramana wiederum die Grundlage.

---

[33] dto., 28.6.1946

Eröffnungsvers zu Ulladu Narpadu Anubandham

**Das, was diese Welt unterhält und beseelt, woraus sie ent-
steht, wozu sie besteht, wodurch sie in Erscheinung tritt
und was sie wirklich ist, ist das einzig Wirkliche. Bewahre
dir diese Wahrheit als geheimen Schatz im Herzen.**
(Yoga Vasishta)

Dieser Meditationsvers umschreibt, dass unser eigenes Selbst,
das im Herzen wohnt, nichts anderes ist als die einzige Wirklichkeit, die die Grundlage der ganzen Welt ist.

Ulladu Narpadu Anubhandam

1. Wenn man in Gesellschaft von Weisen ist, verschwinden die Anhaftungen (an die Objekte der Welt) und damit die Illusion (dass man der Körper sei). Dadurch wird man eins mit der unveränderlichen Wirklichkeit und erlangt schließlich die Befreiung, während man noch lebt (*Jivan Mukti*). Suche deshalb Umgang mit den Weisen.
(Shankara: Bhaja Govindam)

2. Nicht indem man Predigern zuhört, noch durch intellektuelles Bücherstudium und auch nicht durch verdienstvolle Taten oder durch irgendein anderes Mittel kann man den höchsten Zustand erreichen und den Geist ins Herz hinabtauchen, sondern nur durch die Suche nach dem Selbst, die durch den Umgang mit den Weisen angespornt wird.
(Yoga Vasishta[34])

3. Wenn man Umgang mit Weisen pflegt, wozu muss man dann noch die vielen Regeln der Selbstzucht einhalten? Sag mir, wozu ist der Fächer da, wenn der kühle Südwind bläst?
(Yoga Vasishta)

4. Der kühlende Mondschein überwindet die Hitze (des Tages). Der Kalpaka-Baum[35] erfüllt die Wünsche, und der heilige Fluss Ganges befreit von Sünde. Doch durch den Anblick des Weisen ergreifen alle drei Übel (Hitze, Wünsche und Sünde) die Flucht. Es gibt nichts, was sich damit vergleichen ließe.
(Subhashita Ratna Bhandagara)

---

[34] Ramana verwendet viele Verse aus dem Yoga Vasishta, ein bedeutendes Werk des *Vedanta*, das den Dialog des Weisen Vasishta mit dem Prinzen Rama zum Inhalt hat.
[35] Der Kalpaka-Baum aus der indischen Mythologie ist ein Wunderbaum, der alle Wünsche, um die man bittet, erfüllt.

5. Die heiligen Flüsse bestehen nur aus Wasser, und Götterfiguren aus Stein und Lehm sind bei Weitem nicht so machtvoll wie die Weisen. Es dauert lange, bis ein Mensch, der sie verehrt, dadurch einen reinen Geist erlangt, während er beim Anblick eines Weisen sofort rein wird.
(Srimad Bhagavatam)

Diese fünf Verse haben die Bedeutung von *Satsang* zum Thema und sind Übersetzungen aus verschiedenen Quellen. *Sat-Sanga* bedeutet wörtlich: Hingabe, Kontakt, Umgang (*Sanga*) mit dem Selbst, dem Wirklichen, dem Sein (*Sat*), im engeren Sinn Umgang mit dem Weisen (mit demjenigen, der den Weg der Selbstergründung beendet hat).

6. Schüler: »Wer ist Gott?«
Meister: »Jener, der den Geist erkennt.«
Schüler: »Aber das bin ja ich.«
Meister: »Deshalb bist du selber Gott (und kein Individuum). Auch die heiligen Schriften erklären, dass Gott in allen Kreaturen das eine Selbst ist.«
(ein Sanskritvers)

7. Meister: »Welches Licht ermöglicht es dir, dass du Objekte wahrnehmen kannst?«
Schüler: »Tagsüber ist es die Sonne und nachts eine Lampe.«
Meister: »Und womit nimmst du die Sonne und die Lampe wahr?«
Schüler: »Mit den Augen.«
Meister: »Und welches Licht erhellt die Augen?«
Schüler: »Es ist der Verstand.«
Meister: »Und welches Licht erhellt den Verstand?«
Schüler: »Das bin ich.«
Meister: »Dann bist du selbst das Licht allen Lichtes.«
Schüler: »Ja, Das bin ich.«
(Shankara: Eka Sloki)

Die Verse 6 und 7 sind zwei Dialoge zwischen Meister und Schüler, die den Schüler zur wahren Erkenntnis des Selbst führen sollen. Vers 6 ist ein unbekannter Sanskritvers, während Vers 7 das Eka Sloki (wörtl: ein Vers), das kleinste Werk Shankaras[36] ist, der die Quintessenz seiner Lehre des *Vedanta* enthält. Der Meister führt den Schüler zur logischen Erkenntnis, dass er selbst das reine Licht des Bewusstseins, die Grundlage alles reflektierten Lichtes ist.

Devaraja Mudaliar:

»Bhagavan erklärte, dass das Selbst die einzige Wirklichkeit ist, die immer existiert, und dass durch sein Licht alle anderen Dinge wahrnehmbar sind. ›Wir vergessen dieses Licht und konzentrieren uns auf die Erscheinungen. Das Licht brennt in der Halle, gleichgültig ob Leute sich darin aufhalten oder nicht und ob die Leute ein Theaterstück aufführen oder nicht. Es ist dieses Licht, das es uns ermöglicht, die Halle, die Leute und die Handlung zu sehen. Aber wir werden so sehr von den Objekten und Erscheinungsformen, die das Licht enthüllt, beansprucht, dass wir dem Licht selbst keine Beachtung schenken. Im Wach- und Traumzustand, in dem Dinge erscheinen, und im Tiefschlaf, in dem wir nichts sehen, ist das Licht des Bewusstseins, das Selbst, immer da, so wie die Lampe in der Halle immer brennt. Man sollte sich deshalb nicht auf das Gesehene konzentrieren, sondern auf den Sehenden, nicht auf die Objekte, sondern auf das Licht, das sie sichtbar macht.«[37]

8. Mitten in der Höhle des Herzens scheint allein *Brahman*. Es strahlt dort als *Atman*, das Selbst, und wird unmittelbar als »Ich-Ich« erfahren. Dringe ein in dieses Herz, indem du Selbstergründung übst oder mit einem kontrollierten Atem tief nach innen tauchst, und bleibe beständig im Selbst.
(Ramana)

hRdayakuharamadhye kevalam brahmamAtraM
hyahamahamiti sAkshAdAtmarUpeNa bhAti |

---

[36] Ramana bezieht sich oft auf die Lehre Shankaras, des Erneuerers des Advaita-Vedanta im 8. Jh.
[37] Mudaliar:Tagebuch, 16.9.1945

hRdi viSa manasA svaM cinvatA majjatA vA
pavanacalanarodhAdAtmanishTho bhava tvam ||[38]

Sanskritzeichen für Hrdayam (spirituelles Herz)

Dem Eka Sloki Shankaras folgt das Eka Sloki Ramanas, das er auf Jagadiswaras Bitte hin 1915 in Sanskrit schrieb und das auch Eingang in die ›Ramana Gita‹ Ganapati Munis fand.

Hier spricht Ramana von der Erfahrung des *Aham Sphurana*, des pulsierenden »Ich-Ich«, das man spürt, wenn man das spirituelle Herz erreicht.

Fr.: »Was ist *sphurana* (eine schwer zu beschreibende, aber fühlbarer Regung im Herzzentrum)?«

M.: »*Sphurana* empfindet man bei verschiedenen Gelegenheiten wie etwa bei Furcht, Aufregung und dergleichen. Obwohl es immer und überall da ist, empfindet man es in einem bestimmten Zentrum und bei bestimmten Gelegenheiten. Man

---

[38] der Original-Sanskritvers Ramanas nach der Umschrift von Miles Wright

bringt es mit vorherigen Ursachen in Verbindung und verwechselt es mit körperlichen Reaktionen. Dabei ist es ganz allein und rein. Es ist das Selbst. Wenn man den Geist auf das *sphurana* richtet und es beständig und automatisch empfindet, ist es Verwirklichung.«[39]

Und an anderer Stelle:

Fr.: »Was bedeutet *sphurana* (erstrahlen)?«

M.: »›Ich-Ich‹ (*aham, aham*) ist das Selbst. ›Ich bin dies‹ oder ›Ich bin das‹ (*aham idam*) ist das Ego. Das Erstrahlen ist immer da. Das Ego ist vergänglich. Wird das Ich allein als Ich aufrechterhalten, dann ist es das Selbst. Weicht es ab und sagt ›dies‹, dann ist es das Ego.«[40]

In diesem Vers wird neben der Selbstergründung wiederum das Nach-Innen-Tauchen erwähnt, das uns bereits in Vers 28 begegnet ist: So wie der Perlentaucher die Luft anhält und voll konzentriert ins Meer hinabtaucht, um die Perle zu finden, muss auch der Suchende mit vollem Einsatz ins Herz hinabtauchen.

9. Das reine und beständige Bewusstsein wohnt im Herzenslotus als das wahre Ich und gewährt die Befreiung, wenn das Ego-Ich beseitigt wird.
(Devikalottaram, V. 46)

10. Der Körper ist empfindungslos wie alles, was aus Erde gemacht ist, und hat kein Ich-Bewusstsein. Zudem erfahren wir unsere wahre Natur im Tiefschlaf, in dem kein Körperbewusstsein da ist. Aus diesen beiden Gründen kann der Körper nicht ›ich‹ sein. Wer aber ist dieses Ich? Von woher kommt es? In der Höhle des Herzens derer, die dies ergründen, erstrahlt der Herr Arunachala, als reines Ich.
(Ramana)

11. Wer ist es, der wirklich geboren wurde? Nur jener, der fragt: »Woher komme ich?« wird wahrhaft in *Brah-*

---

[39] aus Talk 62
[40] aus Talk 363

man, seinem eigenen Ursprung geboren. Er ist ein für alle Mal geboren. Er ist der Herr aller Heiligen und immer neu.
(Ramana)

12. Wirf die Vorstellung von dir, dass du dieser empfindungslose und unvollkommene Körper bist, und suche die immerwährende Seligkeit des Selbst. Wenn man das Selbst sucht, indem man diesen vergänglichen Körper hegt und pflegt, ist das so, als würde man versuchen, einen Fluss zu überqueren, indem man sich an einem Krokodil festklammert, das man für ein Floß hält.
(Der erste Teil stammt von Ramana, der zweite Teil aus dem Vivekachudamani.)

13. Wenn man Wohltätigkeit übt, Buße tut, Opfer darbringt, seine Pflichten erfüllt, Yoga und *Bhakti* übt mit dem Ziel, den Himmel, die Wirklichkeit, Friede, Wahrheit, Gnade, Stille, Stabilität, den todlosen Tod, Erkenntnis, Entsagung, Befreiung und Seligkeit zu erlangen, bedeutet das nichts anderes als dass man damit aufhört, den Körper für das Selbst zu halten.
(Ramana)

14. Die Erforschung, wem Handlung (*Karma*), fehlende Hingabe (*Vibhakti*), Getrenntheit von der Wirklichkeit (*Viyoga*) und Verblendung (*Ajnana*) angehören, ist alleine *Karma*, *Bhakti*, Yoga und *Jnana*[41]. Wenn man das ergründet, verschwindet das Ego, und man verbleibt als das Selbst, in dem es weder den Sucher noch die vier Yoga-Arten gibt.
(Ramana)

15. Manche Dummköpfe verstehen nicht, dass sie von einer Kraft (*Shakti*) bewegt werden, die nicht ihre eigene ist, und wollen Wunderkräfte erlangen. Ihre Possen sind wie die Prahlerei eines Krüppels, der zu seinen Freunden sagt:

---

[41] die vier klassischen Yogaarten: *Karma* = der Weg des wunschlosen Handelns, *Bhakti* = der Weg der Hingabe an Gott, *Yoga* = der Weg der Vereinigung und *Jnana* = der Weg der Erkenntnis

»Wenn ihr mich nur auf meine Beine stellt, dann werdet ihr schon sehen, wie ich den Feind besiege.«
(Ramana)

16. Da der Geistesfriede die wahre Befreiung ist und man ohne die Aktivität des Geistes keine Wunderkräfte erlangen kann, wie können dann jene, die auf solche Kräfte erpicht sind, die Seligkeit der Befreiung erlangen, die das Ende aller Betriebsamkeit des Geistes bedeutet?
(Ramana)

17. Obwohl Gott die Last der Welt trägt, tut das falsche Ich so, als würde es sie tragen, wie die Figur am Tempelturm, die den ganzen Turm auf ihrem Kopf zu tragen scheint. Wer ist daran schuld, wenn der Reisende sein Gepäck nicht im Wagen ablegt, der jede Last tragen kann, sondern es auf dem Kopf behält und darunter leidet?
(Ramana)

Ramana verwendet hier zwei Beispiele für das individuelle Ich, das so tut, als würde die ganze Last der Welt auf ihm liegen. Als erstes Bespiel dient ihm eine der vier Figuren des Tempeltorturms (Gopuram), die den zylindrischen oberen Teil des Turmes auf ihren Schultern zu tragen scheint. Das zweite Beispiel finden wir auch in ›Wer bin ich?‹:

»Beständig im Selbst zu verweilen und keinem anderen Gedanken Raum zu geben, außer dem Gedanken an das Selbst, bedeutet sich Gott zu übergeben. Wie groß die Last auch ist, die du Gott auflädst, er wird sie tragen. Da eine göttliche Macht alles kontrolliert was geschieht, warum sollten wir uns nicht ihr überlassen und immerzu denken: »Soll ich es so oder so machen?« Wir wissen doch, dass der Zug alle Lasten trägt. Warum legen wir dann unser kleines Bündel nicht ab, wenn wir eingestiegen sind, und machen es uns bequem, anstatt uns selbst zu quälen, indem wir es weiterhin auf dem Kopf behalten?«[42]

---

[42] Wer bin ich?, S. 24

18. Zwischen den Brustwarzen, im unteren Brustbereich über dem Magen sind sechs Organe von verschiedener Farbe. Eine davon ist das Herz. Es gleicht einer Lilienknospe und liegt von der Mitte der Brust aus zwei Fingerbreit rechts.
(Ashtanga Hridayam)

19. Es ist geschlossen. In seinem Innern herrscht tiefste Finsternis. Es ist voller Wünsche und Neigungen (*Vasanas*). Alle großen Nervenbahnen hängen von ihm ab. Es ist die Wohnstatt der Lebensenergie, des Geistes und des Bewusstseins.
(Ashtanga Hridayam)

20. Der Herr, der im Innern der Herzenshöhle wohnt, ist der Herr der Herzenshöhle. Wenn sich durch die Meditation: »Ich bin Er, Ich bin der Herr der Herzenshöhle« die Gewissheit, dass du Er bist, festigt, wenn sie so beständig wird wie deine gegenwärtige Vorstellung, dass du der Körper bist, weicht diese Unwissenheit wie die Dunkelheit vor der aufgehenden Sonne.
(Ramana)

21. Als Rama fragte: »Sage mir, was ist das Herz, das allen Lebewesen innewohnt und in dem, wie in einem großen Spiegel, die ganze Welt als Reflexion außen wahrgenommen wird?«, antwortete Vasishta: »Wir müssen verstehen, dass alle Lebewesen zwei verschiedene Herzen haben.»
(Yoga Vasishta)

22. »Das eine sollte man annehmen, das andere zurückweisen. Höre, worin sie sich unterscheiden. Das Herzensorgan des physischen Körper muss man zurückweisen. Das Herz, das die Gestalt des reinen Bewusstseins ist, muss man annehmen. Es ist sowohl innen als auch außen und hat doch kein Innen und Außen.«
(Yoga Vasishta)

23. »Das ist das wirkliche Herz. In ihm ruht die ganze Welt. Es ist der Spiegel, in dem wir alle Dinge sehen. Es ist

die Quelle allen Reichtums. Dieses Bewusstsein ist das Herz aller Lebewesen. Das Herz ist kein Teil des vergänglichen, unbewussten Körpers.«
(Yoga Vasishta)

24. »**Wenn man das Ego durch die Selbstergründung beständig im Herzen hält, das reines Bewusstsein ist, werden die Neigungen des Geistes (*Vasanas*) bezwungen, und der Atem wird kontrolliert.**«
(Yoga Vasishta)

25. Indem man beständig im Herzen meditiert: »**Dieses reine, an keine Bedingungen und Beschränkungen geknüpfte Bewusstsein ist Shiva, und Das bin ich**«**, werden alle Anhaftungen des Egos beseitigt.**
(Devikalottaram)

Die Quelle von Vers 18 und 19 ist das Ashtanga Hridayam, ein medizinischer Klassiker des Ayurveda. Es beschreibt das Herz auf der rechten Brustseite.

Das ›Herz‹ kommt in Ramanas Lehre oft vor. Er meint damit im absoluten Sinn das innerste Zentrum, die Essenz unseres Seins, das weder nach innen noch nach außen begrenzt ist. So bedeutet *Hrdayam* (Herz in Sanskrit) wörtlich: dies ist das Zentrum. Andererseits benennt Ramana damit auch eine physische Erfahrung, die jeder Mensch meist unbewusst macht, indem er auf diese Stelle deutet, wenn er sich selbst meint.

»Erkenne, wo im Körper sich das Ich erhebt. Allerdings ist es nicht ganz richtig zu sagen, dass das Ich vom Herzen auf der rechten Brustseite aufsteigt und dort wieder untergeht. Das Herz ist ein anderer Name für die Wirklichkeit und ist weder innerhalb noch außerhalb des Körpers. Für das Herz kann es kein Innen und Außen geben, da es das Einzige ist, was existiert. Ich meine mit dem Herzen nicht das physische Organ oder irgendein Nervengeflecht. Solange man sich mit dem Körper identifiziert und glaubt, dass man der Körper ist, muss man erkennen, wo im Körper sich der Ich-Gedanke erhebt und wohin er wieder eingeht. Es muss das Herz auf der rechten Brustseite sein, da jeder, gleichgültig welcher Rasse und Religion er angehört und in welcher Sprache er ›ich‹ sagt, auf diese Stelle deutet, wenn er sich selbst meint. Da das weltweit so ist, muss es der Ort sein. Wenn man das Auftauchen des Ich-Gedankens beim Aufwachen und sein Verschwinden beim Einschlafen aufmerksam beobachtet, kann man erkennen, dass es im Herzen auf der rechten Brustseite geschieht.«[43]

26. Wenn du die verschiedenen Seinszustände (von Wachen, Traum und Tiefschlaf) untersucht und den Zustand der Höchsten Realität fest ergriffen hast, dann spiele deine Rolle in der Welt. Du kennst die Wahrheit, die im Herzen aller Erscheinungen wohnt. Ohne dich von dieser Wirklichkeit abzuwenden, spiele deine Rolle in der Welt, als ob du sie lieben würdest.
(Yoga Vashishta)

27. Mit scheinbarer Begeisterung und Freude, mit Eifer und Missfallen, Initiative und Durchhaltevermögen spiele deine Rolle in der Welt, doch ohne daran zu haften. Befreit von allen Banden der Anhaftung und mit einem gleichmütigen Geist handle in allen Situationen, wie es angemessen ist. Spiele deine Rolle in der Welt wie es dir beliebt.
(Yoga Vashishta)

28. Wer durch die Erkenntnis des Selbst in der Wahrheit gefestigt ist und die fünf Sinne überwunden hat, ist das Feuer der Weisheit, der Herr des Gewitters der Selbst-Erkenntnis, der Überwinder der Zeit und der Held, der den Tod besiegt hat.
(Yoga Vasihstha)

29. Wenn der Frühling kommt, werden die Bäume immer grüner und schöner. Ebenso ist es mit jemandem, der die Wahrheit erkannt hat. Er gewinnt an Ausstrahlung, Intelligenz und Kraft.
(Yoga Vasihstha)

---

[43] Mudaliar: Tagebuch, 23.5.1946

30. Jemand, dem man eine Geschichte erzählt, während er mit den Gedanken woanders ist, hört nicht wirklich zu. Ebenso ist der Geist des Weisen, der frei von Anhaftung ist, inaktiv, während er handelt. Derjenige jedoch, dessen Geist voller Anhaftung ist, ist aktiv, auch wenn er nichts tut. Er ist wie der Schläfer, der unbeweglich im Bett liegt und träumt, dass er einen Berg erklimmt und in den Abgrund stürzt.
(Yoga Vasihstha)

Ramana nimmt die Worte Vasishtas auf, die beschreiben, wie jener, der das Selbst erkannt hat, in der Welt handelt. Er unterscheidet sich äußerlich nicht von jenen, denen diese Erkenntnis fehlt, und doch liegen dazwischen Welten, denn der Weise wird von keinen Wünschen geleitet und haftet daher weder an Erfolg noch an Misserfolg. Er handelt, wie es den Konventionen und seiner Rolle entspricht, und doch ist er innerlich frei zu tun, was ihm beliebt. Er ist nicht wirklich der Handelnde. Da er an nichts haftet, ist er allen gegenüber gleich gesinnt.

31. Dem Reisenden, der im Wagen schläft, ist es einerlei, ob sich der Wagen bewegt, ob er still steht oder ob die Tiere ausgespannt werden. Genauso ist es auch dem Weisen einerlei, der im Wagen seines Körpers schläft, ob er handelt, meditiert oder schläft.
(Ramana)

Kunju Swami erzählt folgende Begebenheit:

»Wenn wir nachts den Berg umrundeten und in Stadtnähe kamen, bat er uns, nicht zu singen oder laut zu reden, um niemanden aufzuwecken. Einmal umrundeten wir im Sommer nach dem Abendessen den Berg. Der Mond schien hell, und wir kamen … etwa um 2 Uhr nachts in die Stadt. Alles schlief, und es war sehr still. Da es Sommer war, standen alle Fenster offen. Nur die Wächter patrouillierten durch die Straßen. Bhagavan sagte: ›Seht ihr, wie still die ganze Stadt ist? Da sind Straßen, Häuser und Lichter, aber alle Leute schlafen, nur die Wächter nicht. Deshalb ist es überall still. Aber sobald es hell wird, stehen alle auf, und überall wird es geschäftig.

Das ist wie *Savikalpa Samadhi*. Seht ihr diese Häuser? Die Fenster stehen offen, aber der Sehende schläft. Das ist wie *Turiya*, der ›Vierte Zustand‹. Man könnte sagen, dass der Verwirklichte im selben Zustand ist und es als Beispiel nehmen. Es sieht so aus, als ob die Augen sehen, obwohl sie friedvoll schlafen.«[44]

32. Wenn man die Zustände von Wachen, Träumen und Tiefschlaf untersucht, entdeckt man, dass es einen Zustand jenseits von diesen dreien gibt, einen Vierten Zustand, eine Art Wach-Schlaf, der *Turiya* heißt. Weil das alleine der wirkliche Zustand ist und die drei anderen rein illusorisch sind, ist der Vierte Zustand der des transzendentalen Seins.

(Ramana)

Die Zustände von Wachen, Träumen und Tiefschlaf wechseln sich ständig ab. Ihnen liegt ein sogenannter Vierter Zustand zugrunde, der nicht kommt und geht wie die anderen drei, sondern beständig derselbe ist.

Suri Nagamma berichtet:

»Vor zwei Tagen fragte ein junger Mann, der dem Ramakrishna-Orden angehört: »Was ist mit dem ›Vierten Zustand‹ (*Turiya*) gemeint?«

Bhagavan antwortete: »Es gibt keinen ›Vierten Zustand‹. Das Selbst ist der ›Vierte Zustand‹.«

Junger Mann: »Warum sprechen dann die Leute vom ›Vierten Zustand‹ (*Turiya*) und von einem Zustand, der jenseits davon liegt (*Turiyatita*)?«

Bhagavan: »Es gibt nur einen Zustand. Du kannst ihn *Turiya*, *Turiyatita* oder sonstwie nennen. Wachen, Träumen und Tiefschlaf wechseln sich ab wie die Szenen im Kino. Alle drei sind Vorstellungen des Geistes. Das, was jenseits von diesen drei Zuständen liegt und wirklich und dauerhaft ist, ist das Selbst. Man nennt es den ›Vierten Zustand‹. Im allgemeinen Sprachgebrauch spricht man vom ›Vierten Zustand‹ und vom

---

[44] Nagamma: Briefe, 30.11.1947

Zustand jenseits des Vierten, aber genau genommen gibt es nur einen Zustand.«[45]

33. Wenn man sagt, dass der *Jnani* zwar *Prarabdha* (das gegenwärtige *Karma*) hat, aber kein vergangenes und zukünftiges *Karma*, ist das nur die Antwort auf die entsprechende Frage. Genauso wenig wie eine der drei Frauen, deren gemeinsamer Mann gestorben ist, der Witwenschaft entkommen kann, können die drei Arten von *Karma* bestehen bleiben, wenn der Täter verschwunden ist.
(Ramana)

»Wenn ein Mann, der drei Frauen hat, stirbt, können dann zwei von ihnen Witwen geworden sein, die dritte aber nicht? Alle drei sind Witwen. Genauso ist es mit dem gegenwärti-

---

[45] Nagamma: Briefe, 30.10.1947

gen, vergangenen und zukünftigen *Karma*. Wo kein Handelnder ist, kann keins von ihnen überdauern.«[46]

34. Das einfache Volk hat nur eine Familie bestehend aus Frau, Kindern und anderen, die von ihnen abhängig sind. Aber im Geist der Gelehrten tummeln sich viele Familien von Büchern, Theorien und Meinungen als Hindernisse auf dem spirituellen Weg.
(Subhashita Ratna Bhandagara)

35. Was nützt den Gelehrten die Kenntnis der Schriften, wenn sie nicht versuchen, die Schrift des Schicksals durch die Ergründung: »Woher komme ich?« auszulöschen? Oh Herr Arunachala, was sind sie anderes als Grammophone?
(Ramana)

36. Die Ungebildeten werden eher gerettet als die Gelehrten, die ihr Ego nicht unterworfen haben. Sie bleiben von den Klauen des Dämons Stolz, von den krankhaft umherwirbelnden Gedanken und Worten und vom Streben nach Ehre bewahrt. Sie bleiben nicht nur von einer, sondern von vielen Krankheiten bewahrt.
(Ramana)

Ramana warnt wiederholt vor dem Stolz der Gelehrsamkeit. Was den spirituellen Weg betrifft, so haben die einfachen Leute den Gelehrten sogar vieles voraus, da sie nicht dazu verleitet werden, stolz auf ihr Wissen zu sein.

»Nur der Stolz auf das Wissen und der Wunsch nach Anerkennung werden verurteilt, nicht aber das Lernen an sich. Lernen, das zur Suche nach der Wahrheit und Bescheidenheit führt, ist gut.«[47]

Suri Nagamma berichtet:

»Anfang vergangenen Monats kam ein Reisender zum Arunachala. Er blieb einige Tage hier, um bei Bhagavan zu sein

---

[46] aus Talk 383
[47] aus Talk 253

47

und seinen *Darshan* zu empfangen. Bevor er ging, fragte er zögerlich: »Swami, die Leute hier fragen dich immer irgendetwas und du antwortest ihnen. Ich möchte dich auch etwas fragen, aber ich weiß nicht was. Wie kann ich da Befreiung (*Mukti*) erlangen?

Bhagavan sah ihn liebevoll an, lächelte und sagte: ›Woher weißt du, dass du nichts weißt?‹

Er antwortete: ›Wenn ich all die Fragen der Leute höre und Bhagavans Antworten darauf, wird mir klar, dass ich nichts weiß.‹

›Das ist in Ordnung. Du hast herausgefunden, dass du nichts weißt. Das genügt schon. Was braucht es mehr?‹

›Aber wie kann ich allein dadurch die Befreiung erlangen, Swami?‹

Bhagavan erwiderte: ›Warum nicht? Da ist einer, der weiß, dass er nichts weiß. Es genügt, wenn du nachforschst und herausfindest, wer dieser Jemand ist. Das Ego entfaltet sich nur, wenn man glaubt, dass man alles weiß. Ist es da nicht viel besser, sich der Tatsache bewusst zu sein, dass man nichts weiß, und sich dann zu fragen, wie man die Befreiung erlangen kann?‹

Der Mann war glücklich über die Antwort und ging seiner Wege. Er mag die Kernaussage dieser Worte verstanden haben oder auch nicht – für uns hier waren sie wie die Worte des Evangeliums.«[48]

»Die Alten sagen, dass zu viel Bücherwissen die Ursache dafür ist, dass der Geist beständig abschweift. Es führt dich nicht ans Ziel. Wenn man die *Sastras* studiert und ein Gelehrter wird, kann man Berühmtheit erlangen, aber es wird den Geistesfrieden zerstören, der für den Wahrheitssucher nötig ist. Jemand, der nach Befreiung strebt, sollte die Essenz der *Sastras* verstehen, aber er sollte es aufgeben, ständig darüber zu lesen, da dieses fortdauernde Lesen der Meditation schadet. Man muss das Korn von der Spreu trennen. Es gibt riesige Schränke voller Bücher. Wie viele davon kann man lesen?

---

[48] Nagamma: Briefe, 31.12.1945

Es gibt so viele Bücher und Religionen, dass ein Leben nicht ausreicht, selbst die Bücher zu lesen, die sich auf eine Religion beziehen. Wo bleibt dann noch Zeit für die Praxis? Je mehr du liest, desto mehr willst du weiterlesen. Du diskutierst beständig mit anderen Menschen darüber und verbringst damit deine Zeit, aber das führt nicht zur Befreiung. Welche Bücher habe ich schon gelesen, und welche Vorträge über *Vedanta* habe ich gehört? In den ersten beiden Jahren hier hatte ich meine Augen geschlossen und war friedvoll und still.«[49]

37. Wenn ein Mensch die Welt gering schätzt, als wäre sie nur ein Bündel Stroh, und die heilige Überlieferung in Händen hält, dabei aber der gemeinen Hure Schmeichelei nachgibt, ist es für ihn sehr schwierig, ihrer Knechtschaft zu entkommen.
(Sadhaka Avasta)

38. Wenn man immer im Selbst verweilt, ohne davon abzuweichen, und zwischen sich selbst und anderen keinen Unterschied macht, was gibt es dann außer das Selbst? Was macht es aus, was die Leute über einen sagen, ob sie uns preisen oder tadeln? Es ist als ob man sich selbst preisen oder tadeln würde.
(Ramana)

39. Bewahre dir *Advaita* im Herzen, aber wende es nicht im täglichen Leben an. Selbst wenn du es auf alles anwendest, mein Sohn, solltest du es nicht auf den Guru anwenden.
(Tattvopadesa von Shankara)

Ramana sagt, dass man im täglichen Leben Unterscheidung üben muss und nicht alle gleich behandeln kann, auch wenn man innerlich alles als eines sieht. Das gilt besonders dem spirituellen Meister gegenüber, auf den der Schüler hören und dessen Anweisungen er befolgen muss. Er darf sich nicht auf dieselbe Stufe mit ihm stellen.

---

[49]dto., 2.7.1949

40. Ich lege hiermit die Essenz der Lehre des *Vedanta* dar: Wenn das Ego-Ich stirbt und das ›Ich‹ zum wirklichen Ich, (zum Selbst) wird, bleibt es allein als reine Bewusstheit übrig.
(ein Sanskritvers)

OM TAT SAT

Glossar

Advaita: Nicht-Zweiheit
Aham: ich
Aham Sphurana: das Pulsieren des »Ich-Ich«
Ajnana / Ajnani: Unwissenheit / einer der in der Illusion gefangen ist
Atman: das Selbst eines Wesens
Avidya: Unwissenheit
Bhakti / Bhakta: Hingabe an Gott / ein Gott Hingegebener
Brahman: das universelle Selbst, das Absolute
Dvaita: Zweiheit
Jiva: Individuum, Ego
Jivan Mukti: ein Befreiter, der noch im Körper weilt
Jnana: Erkenntnis, Wissen
Jnani: jemand, der das Selbst erkannt hat
Karma: Handeln, Folge des Handelns
Prarabdha: die jetzigen Lebensumstände, die sich aus dem Handeln in früheren Geburten ergeben
Samadhi: Versenkung im Selbst, höchster Zustand der Meditation
Sat-Chit-Ananda: eine Umschreibung von *Brahman / Atman* als reines Sein (Sat), erkennendes Bewusstsein (Chit) und Seligkeit (Ananda)
Sastras: heilige Hindu-Schriften
Satsang: wörtl.: Umgang mit dem Sein, Umgang mit einem verwirklichten Menschen
Savikalpa Samadhi: Zustand eines vorübergehenden *Samadhis*
Siddhi: Erlangen (von übernatürlichen Fähigkeiten)
Shakti: Kraft
Sphurana: s. *Aham Sphurana*
Turiya: der vierte Zustand, der jenseits der drei Zustände von Wachen, Träumen und Tiefschlaf ist und ihnen zugrunde liegt
Vasanas: Tendenzen, Neigungen
Vedanta: Ende und zugleich Erfüllung der Veden, s. a. *Advaita*

Literaturverzeichnis

Butler, Robert: Ulladu Narpadu: Forty Verses on Reality. – LULU, 2014

Lakshmana Sarma: Revelation: A Sanskrit Version of the Ulladu Narpadu of Bhagavan Sri Ramana. – Tiruvannamalai, 1991

Mudaliar, A. Devaraja: Day by Day with Bhagavan. – 2. Aufl. – Norderstedt, 2011

Nagamma, Suri: Briefe aus dem Ramanashram. – 2. Aufl. – Norderstedt, 2014

Ramana Maharshi: The Collected Works. – 9th rev. ed. – Ramanashram, 2004

Ramana Maharshi: Nool-Thirattu. – Ramanasramam, 2002 (die Gesammelten Werke Ramana Maharshis in Tamil)

Ramana Maharshi: »Wer bin ich?«: der Übungsweg der Selbstergründung – Norderstedt, 2008

Ramana Maharshi: Die Quintessenz der spirituellen Unterweisung (Upadesa Saram). – 2. Aufl. – Norderstedt, 2014

Ramana Maharshi: Über das Selbst: 40 Verse. – kommentiert und erläutert von Mata Satyamati. – Hammelburg, 1997

Venkararamiah, Munagala: Gespräche mit Ramana Maharshi. – Norderstedt, 2014

Zimmer, Heinrich: Der Weg zum Selbst: Lehre und Leben des Shri Ramana Maharshi. – Norderstedt, 2013